Segreti per guadagnarsi da vivere con le criptovalute

Contenuto

Quanti soldi ci vogliono per vivere con le criptovalute? 5

Motivi per investire in criptovalute 10

Scopri la redditività di una vita di trading di Bitcoin 13

Testimonianza reale su come guadagnarsi da vivere con gli investimenti in Bitcoin..19

Ambizioni di guadagnarsi da vivere con il trading...24

Quanto devi generare per vivere con le criptovalute? 31

Alcune raccomandazioni per guadagnarsi da vivere con le criptovalute 35

Esperienze generali di vita con le criptovalute 40

Modi per risparmiare e vivere di criptovalute 41

Le competenze per guadagnarsi da vivere con il trading di criptovalute............44

Il regolare stipendio del mondo delle criptovalute..51

Risparmi per la pensione in criptovalute 55

Comprare criptovalute come garanzia sulla strada verso la pensione................57

Piani di pensionamento progettati sulla base delle criptovalute........................59

Lanciare Bitwage per creare un piano di pensionamento 66

Le migliori criptovalute per costruire un piano pensionistico.............................70

I cripto-asset come segno del futuro per i fondi pensione 72

Azioni da evitare se vuoi vivere di criptovalute 76

La generazione di reddito con i progressi tecnologici si è diversificata completamente, dove spicca un'opzione interessante a breve, medio e lungo termine come sono le criptovalute, ma ci sono ancora alcuni dubbi su come convertire questo mezzo in una fonte di reddito che permette di vivere comodamente.

Dietro alcune criptovalute si trova la chiave per diminuire le vostre preoccupazioni finanziarie, ma è ancora un rischio in sé, poiché è un investimento e come qualsiasi altro, c'è la possibilità di fare o perdere soldi, ma affrontando questo risultato sarete in grado di essere aperti a guadagni significativi.

Quanti soldi ci vogliono per vivere con le criptovalute?

Quando stai pensando di investire in criptovalute, un dettaglio che devi valutare è il tipo di capitale che devi avere per moltiplicare le cifre in guadagni positivi, ci sono diversi modi o modalità per raggiungere questo tipo di risultato economico, come puoi imparare su questo mondo puoi dedicare il necessario.

Fin dall'inizio si dovrebbe mantenere una visione realistica dei rischi che si affrontano, così come i lati di questo mondo economico, diversi manager usano le loro conoscenze per partecipare a investimenti in criptovalute, e un punto importante da discutere è come si può investire.

- **Scegliere hodler o cryptotrader**

Al momento di far parte dell'investimento di criptovalute si possono adottare due tipi di modalità, queste dipendono dal tipo di tempo che si deve dedicare a questa attività, così come l'entità del capitale destinato a questo investimento, per cui questo viene classificato in due modi.

In primo luogo, si ha la possibilità di ottenere un livello di profitto ottimale al punto di vivere da questo investimento, e d'altra parte ci sono anche partecipanti che cercano solo di raggiungere un livello di redditività del denaro che si gestisce e questo non è più fornito da una banca o da un ente tradizionale, tanto meno di fronte all'inflazione.

Questi due concetti possono essere realizzati per mezzo di una performance hodler o cryptotrader, nel caso di hodler si riferisce all'azione di detenere criptovalute, questa alternativa ha il vantaggio che il tipo di capitale è flessibile perché nel lungo periodo si ripaga.

1. **Hodler**

Ma prima dell'opzione di hodl è necessario effettuare un conto che è totalmente realistico, si può iniziare sotto lo studio del mercato, così come mantenere la posizione di mantenere e vendere le attività al momento migliore per ogni passo, questo è un punto chiave perché altrimenti non ci sarà redditività.

Un altro tipo di stima che si dovrebbe fare, è quello di gestire la proporzione di profitti rispetto all'investimento che si sta facendo, perché se si utilizza un capitale di $ 1.000 USD non si può avere l'aspettativa di generare $ 10.000 USD, è piuttosto quello di scommettere su un ritorno che è circa il 20% o 50%, questo dipende dalle vostre decisioni.

Nel caso in cui tu voglia vivere completamente di criptovalute, quando fai hodling devi avere un capitale importante, in questo modo puoi percepire dei benefici economici necessari per vivere, allo stesso tempo da questi profitti devi iniziare a diminuire tutto ciò che riguarda le tasse e altro.

La questione delle tasse non dovrebbe essere trascurata, poiché in paesi come la Spagna per esempio, un reddito o una tassa è stabilito sul profitto prodotto, circa il 18-21% è dedicato al pagamento di tale tassazione legale, questo è un ostacolo per osservare le criptovalute come una soluzione per la vita a livello finanziario.

Per vivere pienamente da un investimento in criptovalute in modalità hold, è necessario coinvolgere almeno $ 100.000 USD di capitale, ma quando si sta solo cercando di generare qualche tipo di interesse attraverso le criptovalute, è meglio tenere e vendere progressivamente a lungo termine.

Tuttavia, il rischio che un bene scenda di prezzo è una condizione che devi affrontare, questi sono investimenti che non puoi controllare, ma allo stesso tempo rappresentano una vittoria finanziaria quando ci riesci.

- **Metodo per investire in criptovalute**

Tra le tecniche più implementate per investire a lungo termine in criptovalute, è attraverso il monitoraggio della media mobile almeno studiare il termine di 120 a 150 periodi, così quando il prezzo è in aumento ed è intorno alla media, o è la media a lungo termine, il termine per comprare è limitato.

D'altra parte, c'è la questione dello stop loss, anche se diverse opinioni lo classificano come una risorsa pericolosa, soprattutto quando si sta scommettendo su una posizione di hodling non è il più consigliabile, è essenziale che si prende cura dell'investimento del vostro capitale su qualsiasi modalità, soprattutto in una singola attività, meglio diversificare.

2. Cryptotrading

In secondo luogo, c'è la posizione e il lavoro di cryptotrading, questo è un metodo in cui è possibile ottenere più reddito, ma allo stesso tempo per vivere su questi risultati si dovrebbe avere una notevole quantità di capitale, gli esperti raccomandano che si può avere almeno $ 10.000 USD.

Se sei ancora un novizio in questo tipo di investimento, non iniziare ad investire con un capitale esageratamente alto, puoi fare pratica con una misura molto più bassa di quella menzionata sopra, fino a creare un piano di investimento dove puoi aggiungere alcune tecniche o passi di criptotrading che sono studiati e testati.

Dato che stai impiegando un passo che funziona, sarai in grado di avanzare progressivamente fino al punto in cui se sei bravo riuscirai a guadagnarti da vivere con questo senza problemi, ma il dovere sta nell'acquisire conoscenze, avrai bisogno di leggere ed essere informato in ogni caso per ottenere idee dalla tua analisi.

Non importa quello che potete leggere o ricercare, la linea che dovete mantenere è quella della conoscenza di voi stessi, la vostra propria determinazione è ciò che vi aiuterà a prendere le decisioni che ritenete appropriate, soprattutto perché i limiti devono essere stabiliti da voi, questo è il modo di stabilire un sistema personale.

Per esempio, se sei un hodler, non devi dedicare tanto tempo al trading, ma se sei un crypto trader, è un investimento di almeno 4 ore al giorno, tutto dipende dalla tua volontà di investire.

Motivi per investire in criptovalute

Quando pensate di investire in criptovalute per cambiare la vostra vita e avete ancora dei dubbi, potete prendere in considerazione i seguenti punti per fare del vostro meglio, mantenendo la convinzione necessaria per ottenere dei profitti:

- Le criptovalute hanno un notevole track record, in quanto fanno parte del panorama finanziario da più di 11 anni e sono più rilevanti che mai sotto la spinta della trasformazione digitale.
- Data l'enorme varietà e quantità di attività, è facile per voi essere in grado di diversificare il vostro capitale investito.

- D'altra parte, il costo del trading di questi asset è molto basso, perché le moderne Borse impongono poche o nessuna commissione.
- È attualmente il modo più affidabile per proteggere il vostro capitale di fronte all'inflazione.
- La privacy è garantita, dato che la gestione delle operazioni può essere effettuata in modo anonimo e non ha nulla a che vedere con la banca tradizionale.
- Ottenete un controllo reale dei vostri beni, osservando qualsiasi cambiamento e con la possibilità di prelevare e depositare a vostro piacimento.
- Il trasferimento di denaro viene effettuato in modo veloce, dato che è un processo digitale, ed è più economico.
- Le criptovalute possono essere utilizzate ovunque nel mondo, la loro scala globale permette di utilizzare o disporre del bene liberamente.
- Non c'è bisogno di pagare per mantenere il denaro, tanto meno quando si comprano e si vendono criptovalute.
- Con il passare del tempo, diverse strutture sono state messe in atto per rendere le criptovalute disponibili su base giornaliera con un semplice clic di un pulsante.

- Questi beni sono una soluzione alle devastazioni dell'inflazione.
- Se possiedi un business, puoi accettare criptovalute per acquisire un maggior numero di clienti.
- A poco a poco, si sta cominciando a generare una regolamentazione di protezione sulle operazioni di criptovaluta, questo è un punto importante per operare con maggiore fiducia.
- All'inizio come principiante non hai bisogno di un grande capitale, puoi iniziare conoscendo tutte le risorse che questo tipo di investimento fornisce.
- In seguito all'uso eccessivo delle criptovalute, stanno emergendo più forme di investimento, dove spiccano i fondi di rendimento e altri.
- Il mondo delle criptovalute è controllato dalla comunità, il che significa che nessun governo ha alcun tipo di intervento.
- Questo tipo di investimento è eccitante, può diventare uno stile di vita per voi, come diverse comunità vivono questa esperienza al massimo.

Imparare a guadagnarsi da vivere con le criptovalute richiede soprattutto motivazione, quindi queste ragioni di cui sopra sono il modo migliore per ottenere chiarezza quando si prende qualsiasi decisione e scommettere tutto per migliorare le proprie capacità.

Scopri la redditività di una vita di trading di Bitcoin

Quando si pensa di investire nel trading di Bitcoin, è necessario rispondere ad alcuni dubbi precedenti per fare passi solidi, dal momento che dopo ogni giorno è un'opzione che ha guadagnato popolarità a lungo termine, soprattutto per il tipo di privilegi che questo investimento rappresenta per molte persone questo è stato sostenuto dalle opzioni disponibili online.

Il coinvolgimento dei rivenditori all'interno delle criptovalute è più accurato a causa del tipo di facilitazioni che concede su diverse aree, questo è ciò che fa sì che sempre più persone siano in grado di facilitare in questa sezione di investimenti, non è che sia facile da guadagnare, ma è redditizio come si guadagna esperienza.

La pratica è un elemento che non può mancare nel mondo delle criptovalute, poiché genera possibilità illimitate di ottenere reddito, l'acquisto di un bene è semplice e allo stesso tempo funziona come una protezione sul proprio patrimonio per evitare l'inflazione, ma si può andare oltre e speculare per vivere di questa attività.

Attraverso alcuni piccoli movimenti e secondo i movimenti del mercato è possibile fare soldi, che essendo una costante o eseguire con un grande capitale si sarà in grado di raggiungere una fonte ottimale di reddito, dove il Bitcoin è un'opzione opportuna se si considera vivere da tali sforzi.

Prima di pensare di sottometterti a questa attività, la cosa principale è che tu possa credere in te stesso, e non dare per scontato che questa sia un'attività facile, perché la redditività può essere assegnata con i progressi e quelle azioni che gradualmente danno forma a questi investimenti a lungo termine.

- **Detenzione alternativa, commercio di Bitcoin e alcune criptovalute**

Il mezzo degli investimenti in criptovalute è una proliferazione online, al punto che si trovano corsi speciali e formazioni su questo argomento, poiché chiunque vuole guadagnarsi da vivere con il trading, soprattutto perché a un certo punto diventa una misura attraente speculando progressivamente.

Ma per arrivare a produrre profitti è vitale per padroneggiare alcuni concetti come scalping, entrata e swing trading, questi termini sono essenziali per misurare la redditività delle vostre azioni, soprattutto quando si desidera che questo sia il vostro mezzo di reddito o di sostentamento, il dovere sta sulla formazione costante.

Finché ci si può esporre al rischio con un ragionamento migliore, e indipendentemente dal tipo di risultato non si dovrebbe perdere il valore della tolleranza, questa è la sfida che ogni trader principiante deve affrontare poiché il mercato non può essere controllato, per non parlare del tipo di contrattempo che presenta.

Attraverso le operazioni che realizzi, il limite o punto di rottura è più alto, questo è ciò che ti permette di prendere decisioni migliori, senza che le preoccupazioni governino i tuoi passi, in questo modo puoi costruire un capitale prezioso in un periodo di tempo più breve, soprattutto perché devi imparare ad affrontare rischi elevati per far crescere i profitti.

La chiave per guadagnarsi da vivere con il trading è la realizzazione di un piano, che seguirai con uno speciale investimento di energia che possiede coerenza, controllo dei tuoi pensieri, e anche disciplina, tutti questi sono punti da approfondire, in più in alcuni punti del mercato è vitale padroneggiare la detenzione di criptovalute.

Prima di voler prendere dei rischi che vi spingeranno verso potenziali profitti, potete prendere il controllo delle vostre azioni comprendendo queste azioni:

- **Cosa c'è dietro la holding delle criptovalute**

Non c'è dubbio che questo tipo di criptovaluta ha a che vedere con il modo in cui si acquista all'interno di questo mercato, ma ha una grande distinzione rispetto al trading, dato che è un investimento a medio e lungo termine, come un modo in cui questa attività è compresa sotto un ritmo un po' più tranquillo.

Questo scenario è più rilassato per prendere decisioni perché non si è sotto tanta pressione, ma questo non significa che preferire il trading è un'attività negativa, ma richiede più esperienza per non raggiungere un alto margine di perdite, in quanto si possiede la conoscenza si avrà nelle vostre mani risultati significativi.

La realizzazione del trading attivo richiede un numero significativo di ore, per soddisfare questo requisito è che si otterrà profitti in base ad ogni ora e movimento fatto, ma la raccomandazione è quella di padroneggiare ciascuno di questi aspetti per dilettarsi sul modo più efficace di pensare agli investimenti a lungo termine.

- **Piano di trading e psicologia in mezzo**

Ciò che conta di più è l'interesse che metti nel cominciare nel mondo del trading, iniziando con la ricerca di molti dettagli su Bitcoin, in modo da poter trovare le strutture di questo mezzo, dove il primo passo è quello di costruire un piano di trading in modo da avere alcune regole di base circa l'uscita e l'entrata al mercato.

Sulla gestione del rischio si trova l'opportunità di diminuire il tipo di perdite che si possono affrontare, che un modo ideale per il successo per aumentare al punto di fare una vita da questo investimento, al di là di non avere la migliore strategia nel mondo criptovaluta, ma ci sono alcune regole d'oro da seguire in modo che i guadagni superano le perdite.

È sufficiente prendere alcune premesse in modo che quando si verificano errori si ottiene la calma, altrimenti si farà decisioni affrettate basate sulle vostre emozioni, a questo punto entra in polemica la psicologia che fa parte dell'investitore, che può essere costruito attraverso l'esperienza.

Ma alcuni elementi che completano un buon processo decisionale, è necessario disciplina e coerenza questo è ciò che permette di avere una conformità alla lettera della vostra strategia, ma con la consapevolezza che non è qualcosa che si può raggiungere da un momento all'altro, ma tutto va di pari passo con la pratica per andare avanti.

- **Preferenza del broker, uso del conto demo e passaggio a un conto live**

Una volta che sei pronto a far parte del mondo del trading di criptovalute, la cosa successiva è la scelta di un sito web per il trading e l'investimento in criptovalute, ma dovresti concentrarti su uno di cui ti puoi fidare e che ha le migliori caratteristiche per i tuoi piani di investimento.

Scegliere un broker non dovrebbe essere classificato come un passo facile o una decisione leggera, è necessario assicurarsi che sia un sito legale e regolamentato, oltre a fornire un buon supporto clienti senza commissioni elevate o molto meno, lo stesso vale per tutti i dettagli riguardanti il deposito e il ritiro in modo che siano convenienti per voi.

La ricerca come prevenzione è la migliore alternativa per prendere una decisione appropriata, una delle raccomandazioni più utilizzate è Binance, in quanto è uno scambio interessante che si sta posizionando a livello globale, offrendo questo portale è importante per essere parte del movimento delle criptovalute.

Impostare un conto live ti permette di effettuare tutti i tipi di trade, da ogni opzione puoi iniziare a testare le tue emozioni fino a quando le tue decisioni ti portano al profitto, indipendentemente dal fatto che tu inizi con un capitale piccolo o grande, l'importante è padroneggiare l'impulso erratico basato sulle tue emozioni.

Il trading di Bitcoin o di qualsiasi altra criptovaluta è concepito come un'attività rischiosa, ma allo stesso modo fornisce importanti possibilità di aumentare il tuo capitale, quindi dovresti valutare una gestione e un'amministrazione dello stesso in modo che tu possa avere successo nel mezzo di questo investimento.

Testimonianza reale su come guadagnarsi da vivere con gli investimenti in Bitcoin

Non c'è dubbio che in tutto il mondo Bitcoin si è stabilito come un mezzo di pagamento accettato in ogni commercio e luogo, tutto è aperto o disponibile quando si tratta di Bitcoin, è anche un bene molto più redditizio dell'oro, questo è cambiato nel tempo per mettere le criptovalute in un posto migliore.

L'alternativa Bitcoin sta guadagnando sempre più forza e coloro che hanno iniziato con questo bene stanno vivendo un sogno unico, in quanto non solo si può vivere per mezzo di questo bene ma anche facilitare qualsiasi viaggio invece di muoversi con i contanti, questa prima criptovaluta è stata il punto di finanziamento per molte avventure.

La formazione dell'ecosistema delle criptovalute è iniziata attraverso il Bitcoin, ma per arrivare ai profitti reali bisogna convivere con il rischio, questo è un punto che può essere complesso per molti, ma ci sono testimonianze reali di molti utenti che rinunciano e vivono solo con il Bitcoin.

Nel caso del popolare Didi Taihuttu, si è ripreso da una perdita familiare per costruire il suo business, ma con il tempo ha adottato una visione materialista che è stata confutata con un altro evento familiare che lo ha portato via dal business, così ha dovuto fare appello a una pausa per organizzare le sue idee.

Durante i viaggi fatti da questo personaggio, ha cominciato ad osservare il cambiamento e la produttività dei suoi beni in Bitcoin e Doge, che ha generato una rivoluzione nella sua visione finanziaria, poiché il buon senso degli affari lo ha spinto a far parte di questa opzione per contribuire al cambiamento nel mondo generato dalle criptovalute.

All'inizio Didi Taihuttu dice che la sua famiglia non ha preso questa decisione nel modo migliore, dato che stavano vendendo le loro proprietà per comprare Bitcoin, ma almeno erano d'accordo che avevano bisogno di un cambiamento di vita meno materialista, quel cambiamento sulla loro vita che stavano scommettendo su Bitcoin.

La scommessa completa su Bitcoin era una realtà, utilizzando la facilità di acquistare una grande quantità di Bitcoin in modo sicuro e veloce, tutto è semplice per iniziare a gestire questo bene, ma il vantaggio è quello di andare in un sito dove non accettano questo tipo di attività.

L'esplorazione del mondo delle criptovalute gli ha fatto trovare progetti per aggiungere partner, in più c'è una collaborazione di questo strumento di pagamento da utilizzare come mezzo di liquidità, e molte persone lo interrogano su come è sopravvissuto di fronte al livello volatile e alle cadute che Bitcoin ha subito.

La risposta a questo scenario è di abituarsi alle fluttuazioni, senza pensare che scenda a 0 perché saresti in bancarotta, ma la vita è fatta di avventura e la protezione sta nel comprare Bitcoin a basso costo, in modo che di fronte a qualsiasi movimento tu abbia un margine di profitto e protezione su cui ripiegare.

Il trading può essere la fonte di reddito per qualsiasi tipo di famiglia, ma di fronte alle flessioni si dovrebbe solo lasciarsi andare con la tendenza stessa, senza perdere di vista tutto ciò che si è guadagnato invece di concentrarsi solo sul materiale, in quanto questo calma i pensieri per avere una migliore postura a qualsiasi turbolenza finanziaria.

Se hai soldi per vivere su base mensile, non c'è bisogno di preoccuparsi del lungo termine, all'interno degli investimenti entra in gioco la mentalità, e alla fine la vita passa con velocità quindi è meglio godersi il presente senza preoccuparsi di quello che succede domani, devi solo aggrapparti alla previsione iniziale del prezzo del Bitcoin che ti ha convinto.

Ogni mercato toro o orso ha la sua opportunità, e su ogni criptovaluta c'è un massimo storico, ma tali movimenti non si presentano immediatamente, tutto dipende dalla macroeconomia, così come un sacco di fattori o variabili, ma ciò che non si dovrebbe perdere la fiducia nella criptovaluta scelta.

La scommessa su Bitcoin è dovuta al fatto che nessun'altra azienda o idea di business è stata in grado di sostenersi per più di 11 anni, 24 ore al giorno, e permanentemente 7 giorni alla settimana senza un errore, questo è offerto solo da una criptovaluta come il progetto pioniere di Bitcoin.

Il percorso di BTC ha ancora molti dettagli da studiare, ma è sicuramente una pratica da promuovere, poiché è un modo naturale per continuare nelle dinamiche economiche senza subire i crash dei sistemi tradizionali che si verificano a livello globale, quindi le criptovalute sono una via d'uscita decentralizzata.

Di fronte all'intenzione dei governi di limitare il flusso di denaro, si può optare per i beni digitali, questa forma di pagamento è quella che sta guadagnando forza oggi, e senza perdere il livello di privacy di questi mezzi digitali, tale potere è parte di ciascuno dei beni come DASH, BTC, e altri.

La cosa importante è che questo personaggio riafferma l'utilità di utilizzare qualsiasi criptovaluta di vostra scelta, e in situazioni come una pandemia non c'è alcun effetto negativo su questi beni perché sono ovunque nel mondo, e contrariamente a quanto si pensa il loro uso è aumentato significativamente.

Non c'è dubbio che è interessante vivere sulle criptovalute o ridurre la propria ricchezza verso questo bene, è un settore permanente che si ha a disposizione per ottenere la piena tranquillità, ma senza perdere la cosa importante che è vivere, piuttosto che solo visualizzare i cambiamenti del prezzo.

Ambizioni di guadagnarsi da vivere con il trading

Non c'è dubbio che il trading non è facile, ma è un sogno e un obiettivo per molti di guadagnarsi da vivere con questa attività, in una situazione come la pandemia di Covid-19 con così tante conseguenze negative sociali, finanziarie, sanitarie e altre, ma diversifica il modo di operare degli investitori.

Ma dopo diverse analisi di broker, si generano forti risultati che impongono la preferenza su questo tipo di investimenti per la loro costante disponibilità a prescindere dalle circostanze esterne, ma qualsiasi movimento può causare uno stato di allarme sul vostro patrimonio investito.

Alcuni cambiamenti o consigli sono estesi per superare la fase della pandemia senza che questa attività diminuisca, al di là che la realtà è cambiata completamente, l'importante è superare le crisi economiche che postula il COVID, poiché questo è un fattore che colpisce un gran numero di lavoratori tradizionali.

Lavorando da casa in remoto, puoi risolvere i tuoi problemi economici attraverso uno studio tecnico e tattico, che ti permette di utilizzare i protocolli di sicurezza per investire con maggiore libertà o opportunità, anche in una contingenza puoi concentrarti a lavorare su questa azione di investimento.

La differenza di lavorare in remoto è stata svelata dal confinamento, perché l'ufficio è spostato a casa e nello stato di allarme la cosa più conveniente è quello di aumentare il tipo di operazione che si esercita quando si investe in criptovalute, quindi aprire un conto su piattaforme come broker può aprire la strada per generare reddito.

La situazione attuale o i rapporti con le criptovalute è molto più grande degli anni precedenti, dopo ogni broker è una statistica di cambiamento o partecipazione di ogni anno, che evidenziano i seguenti punti di studio:

1. **Interesse nel trading di criptovalute**

Le ragioni per cui sempre più persone stanno scommettendo sul mondo delle criptovalute, sono dovute al voler cercare un accesso economico come questo che sta producendo risultati finanziari significativi in termini di scalabilità e redditività è interessato, dal 2019 sono state presentate posizioni di liquidità molto sorprendenti.

Anche se l'anno 2020 ha visto cali significativi negli asset più solidi, le posizioni sono poi riprese in quanto molti investitori hanno approfittato di questa finestra di mercato per comprare a prezzi bassi, e attraverso posizioni corte molti investitori sono stati in grado di aumentare il loro reddito.

D'altra parte, la spinta della pandemia che ha limitato i posti di lavoro fatto molti redditi ha cominciato a svanire, così per combattere quello scoraggiamento hanno scommesso sulla libertà finanziaria online mano nella mano con criptovalute, che porta a incontrare alcuni investimenti per esercitare un day-trading.

Questi due flussi di utenti che cercano di vivere il trading, non affrontare uno scenario semplice, ma se davvero promettente, è realizzabile quando si può lottare più di molti per produrre reddito, così ogni giorno sempre più persone stanno cercando di investire e ottenere un account per operare liberamente.

2. **Preferenza per il trading e la strategia sulle criptovalute**

I cambiamenti all'interno dei mercati è uno scenario usuale, basato sui clienti che fanno parte di diversi broker può essere notato come ci sono variabili sul loro comportamento, mantenendo due idee chiare su investire da previsioni e progetti europei o nordamericani, come sono il più potenziale negli ultimi anni.

Ma dal 2021 tutta l'attenzione degli investimenti in criptovalute è centrata su quelle che sono sostenute nel mondo della tecnologia, poiché la pandemia è un punto di attrazione di interesse in questo tipo di mercato, così come quello che rappresenta i videogiochi, senza lasciare da parte le reti sociali.

I fondi e i beni sono diventati un ampio mondo di opportunità e possibilità di guadagnarsi da vivere, purché si sostengano strategie o esperienze all'interno di quel mezzo, poiché per alcuni era un modo totalmente impensabile di guadagnarsi da vivere, ma la quantità di operazioni mostra il grado di interesse.

La quotazione dietro ogni mercato è impressionante, quindi, è una buona offerta per sostenere uno stipendio e vivere di questa attività, è un'attrazione e un lato robusto che sembra non cambiare, l'essenziale è dedicarsi alle tendenze del mercato, perché questo ti aiuta ad avere un progresso nella tua vita e soprattutto a livello finanziario.

Quando si parla di lotta contro l'inflazione, bisogna subito prendere in considerazione tutto ciò che le criptovalute rappresentano, è una seduzione che è presente all'interno di ogni rete sociale che si visita ed è inevitabile da ignorare, soprattutto quando sorge qualche grande rialzo e vengono pubblicate alcune testimonianze di guadagni da tale movimento.

Le dichiarazioni di figure importanti come Elon Musk, hanno significato un'affermazione per questo mezzo di investimento per guadagnare più forza, ci sono molti fattori di grande rilevanza dietro questo mondo.

3. Il livello di istruzione è essenziale per accedere a questo mezzo.

In mezzo alle piattaforme che permettono il trading con le criptovalute ha dimostrato che i nuovi utenti hanno più conoscenza, cioè c'è una preoccupazione per essere parte di questo mezzo e soprattutto per generare reddito, i nuovi commercianti sono seri sulla loro formazione e non si può essere l'eccezione.

Seguire corsi o programmi di formazione è una reale opportunità per te di guadagnarti da vivere con l'investimento in criptovalute, ma alcuni con livelli minimi o una nozione del mercato possono essere coinvolti nell'investimento per generare reddito e reinvestirlo in capitale così come nella formazione per te stesso.

Il trading per conto proprio comporta una visione futuristica per sorvegliare le vostre possibilità di crescita, questa è una via verso la libertà finanziaria dove le decisioni pesano, è un chiaro desiderio l'opzione di vivere di questi investimenti, ma si ottiene solo facendo appello alla dedizione in modo da poter iniziare con più di semplici concetti base.

Quello che devi imparare è usare il fattore esterno a tuo favore, come la ricerca di alcuni eventi o lanci di grandi società o progetti che sono dietro alcune criptovalute, questo ti dà un vantaggio per il tuo capitale per acquisire una maggiore possibilità di crescita.

D'altra parte, questo mezzo ti costringe a vivere con la ricerca dei cambiamenti più convenienti, poiché operare con una modalità di deposito o di prelievo che non è favorevole o è esposta all'inflazione è un inizio che ti mette in una cattiva posizione, quindi il tuo portafoglio dovrebbe essere coperto fin dall'inizio a questa variabile.

La scommessa più comune è quella di partecipare a seminari che sostengono i primi passi di investimento sulle criptovalute, è un aiuto per sviluppare una visione semplice ma si ottiene una preparazione in modo da avere una base di analisi fondamentale almeno, senza tralasciare il seguito da fare sul mondo finanziario.

Online puoi anche trovare un sacco di indicatori, quei dati sono quelli che ti permetteranno di affrontare la volatilità, che è un rischio a cui devi abituarti e può uccidere qualsiasi tipo di strategie che hai progettato in modo che abbiano un impatto diretto sulle tue finanze.

Il filtro per discernere sulle pubblicazioni di valore o meno, è nelle vostre mani, è parte di quel potere di seguire fonti ufficiali o affidabili, l'obiettivo è che si arriva a conoscere gli indicatori che gli investitori professionali seguono e il tipo di effetto che hanno sulla generazione di reddito.

L'aiuto che si può ottenere dai media è positivo, soprattutto quando si crea una strategia di investimento, senza tralasciare l'accesso ai corsi di formazione che dominano questo settore in modo da poter seguire passi più concreti e sviluppare uno stile di vita sponsorizzato dalle criptovalute stesse, la cosa essenziale è continuare a lavorare.

Quanto devi generare per vivere con le criptovalute?

Vivere del reddito delle criptovalute è un tipo di redditività che richiede prima di tutto conoscenza, intelligenza, libertà di prendere decisioni, autocontrollo, creatività e soprattutto aspirazione alla produttività, a partire da queste misure di base il seguente è fissare obiettivi o mete.

Un obiettivo ha a che fare direttamente con il tipo di reddito mensile che siete in grado di generare, perché deve essere al di sopra delle vostre spese, ed essere degno abbastanza per vivere, e trasformare l'attività di investimento in un punto stabile e costante, in modo da poter ottenere un reddito passivo e residuo senza dover lavorare.

Data l'ascesa delle criptovalute, soprattutto il pioniere Bitcoin, ha segnato un comportamento comune di voler stabilire un reddito, ma per raggiungere tale risultato è necessario avere alcune basi di supporto come un reddito mensile, questo aiuta a estendere il vostro patrimonio finanziario, soprattutto all'inizio.

Allo stesso modo all'interno del mercato si stanno sviluppando alcune azioni dove si sta cercando il tuo Bitcoin può essere redditizio, sopra l'attesa per la sua rivalutazione, perché nel mezzo della blockchain c'è ancora molto da sfruttare quando si tratta di generare reddito per vivere su di loro.

Ogni nomade digitale è attualmente concentrato a generare il proprio reddito basato sulle criptovalute, ma senza creare quell'ostacolo o aspettare una quotazione, ma piuttosto con alcune alternative, per esempio, un punto di analisi è che se si possiedono almeno 2 bitcoin si può avere un reddito di almeno il 6% annuo.

Questo tipo di generazione di reddito è al di sopra di qualsiasi attività come affittare un appartamento, ma arrivare a quel punto è una somma di passi dove non si può non imparare a capire a fondo questo mercato, visto che ha un funzionamento dinamico dove si applicano strumenti collaterali e ci sono sempre rischi.

Invece di entrare e uscire da un investimento, puoi visualizzare le valute come un bene prezioso, indipendentemente dal fatto che il progetto o la sua capitalizzazione vada avanti o meno, la cosa essenziale è avere la convinzione del modo in cui stai per sopravvivere in questo ambiente, devi conoscere più dettagli sui seguenti punti:

- **Lo sfondo di Bitcoin**

Diversi investitori che pensavano di poter vivere di Bitcoin, hanno dovuto superare diverse difficoltà, fino al punto di vendere ogni elemento o proprietà del loro patrimonio per investirlo interamente in questa criptovaluta, che li classifica come veri nomadi digitali perché gli è capitato di avere uno stile di vita più semplice grazie a questa decisione finanziaria.

Questo tipo di posizione richiede di non guardare o ossessionarsi sul futuro, ma di pensare a uno stile di vita molto più semplice con un approccio più quotidiano, è il momento di prendersi una pausa e andare in giro, questo vi permetterà di risparmiare bitcoin e allo stesso tempo andare avanti con la vostra vita.

Con solo un camper e un gruppo di viaggio, questo tipo di persone audaci ha intrapreso uno stile di vita diverso, senza toccare la questione di qualche depressione da cadute di Bitcoin o molto meno, quello stile di vita ha permesso a molti utenti di superare una sorta di inflazione che il loro paese stava attraversando.

La cosa migliore è che tu mantenga uno stile di vita che non faccia aumentare le spese, perché con le criptovalute puoi avere una visione molto più ambiziosa e aumentare le spese, quando in realtà è un modo di generare reddito che ha bisogno di pazienza e tempo affinché il tuo denaro possa moltiplicarsi.

Inoltre, il lato positivo è che ti stai staccando dal sistema per lavorare per te e per te, i primi mesi possono essere complessi ed è fattibile usare un reddito mensile tradizionale, ma poi devi fare il grande passo di usare solo criptovalute e strategie basate sulle criptovalute, fino ad usare prodotti finanziari cripto.

Anche l'accettazione commerciale delle criptovalute aiuta molto, quindi non bisogna fare troppi cambiamenti, ma questo si traduce ampiamente in una vita piena di gioco d'azzardo, anche se per generare una grande ricchezza devi essere disposto a giocarti tutto sulla tua idea ed essere disposto a vivere con l'idea di perdere.

Essere a quel grado di rischio, provoca in molte persone che il denaro non ha lo stesso valore per loro, perché la volontà di perdere tutto per un futuro migliore, ti aiuta a non preoccuparti troppo o a prendere decisioni affrettate, senza pensare a ciò che verrà in futuro perché è complicato rispondere.

È un viaggio molto lento dove si conoscono i propri limiti, allo stesso modo è un'alternativa per sbucciare per beneficenza e utilizzare sia il tempo libero che il denaro, in una destinazione molto più utile, la possibilità di essere un nomade digitale è dietro il coraggio dell'investitore, perché ci sono molti modi per generare reddito e vivere su tali attività.

Alcune raccomandazioni per guadagnarsi da vivere con le criptovalute

L'uso delle criptovalute sta prendendo il sopravvento in più regioni del mondo, è un fenomeno utilizzato per affrontare le crisi economiche, senza dimenticare che è un mezzo stabile per resistere a qualche disastro come nel caso di una pandemia, dato che tutto è gestito digitalmente ed è un vantaggio da non trascurare o scartare.

I pagamenti digitali sono la tendenza del momento, ma sono questioni finanziarie da indagare e consultare ampiamente, in modo da poter ottenere i profitti che ti aspetti, con alcuni consigli è possibile adattarsi a questo fronte finanziario che rappresenta un rischio o una sfida per chiunque, ma con grandi ricompense nel mezzo.

Le criptovalute occupate dagli utenti superano il 50% del broker, grazie al fatto che viene osservato come un mezzo di investimento per generare reddito, questo ha anche a che fare con i cambiamenti che postula ogni attività, come alcuni risultati segnano un aumento in questa tendenza di investimento.

Come qualsiasi tipo di investimento, ci sono alcuni rischi con cui vivere per osare di fare transazioni con questi beni digitali, essendo le criptovalute richiede un livello significativo di istruzione o formazione, soprattutto per affrontare il tempo di punta per operare e riconoscere i regolamenti di quel mezzo.

Per far parte di questo ambiente volatile dovresti prendere in considerazione le seguenti raccomandazioni per scommettere nel modo migliore sulle valute digitali:

1. **Diffidate delle promesse di profitti esagerati.**

Evitare o ignorare alcune raccomandazioni è vantaggioso perché potrebbero prometterti troppo, e alla fine si tratta di una frode totale, questo perché varie piattaforme emettono enormi promesse in cambio di un piccolo investimento in attività del calibro di Bitcoin, Ethereum e anche su Binance Coin.

Il recupero del vostro investimento iniziale con profitti rapidi non è qualcosa che accade dal nulla, è meglio seguire gli esperti prima di fare qualsiasi investimento basato su consigli, senza tralasciare che questo tipo di attività rappresentano un'opzione molto più produttiva a lungo termine, per sfruttare le opportunità del mercato.

Invece, prestare attenzione ai semplici utenti che creano un account sulle criptovalute può farti cadere nel rischio di essere truffato, ecco perché molte volte ti promettono business ideali sulla base delle criptovalute, ma sono una truffa che non raddoppiano i tuoi guadagni, ma vogliono solo farsi pagare per false raccomandazioni.

2. **Non esporre tutte le tue risorse**

Quando hai la possibilità di investire in criptovalute, non esitare a farlo in modo da poter conoscere questo tipo di mercato fino a scoprire tutto ciò che offre, ma se hai risparmi limitati e vuoi investire in criptovalute devi accettare in anticipo che stai per vivere con ansia a causa del tipo di fluttuazioni che il prezzo di questo asset attraversa.

Il panorama delle criptovalute è sotto un'assoluta dipendenza dalla speculazione così come il grado di volatilità, quindi la cosa più appropriata è fare appello ad un investimento diversificato perché in questo modo si può ottenere un investimento più sicuro, mentre altri giornalieri affrontano un rischio molto più alto.

È essenziale che non stanziate tutto il denaro che non siete disposti a perdere, quindi del 100% del vostro capitale, non dovreste stanziarlo tutto per questo scopo, poiché gli impatti finanziari sono incontrollabili, inoltre sarà una condizione emotiva che non vi permetterà di prendere buone decisioni, aumentando la possibilità di un esito terribile.

3. **Non hai nessuna protezione legale**

Questo tipo di commercio virtuale non ha alcun supporto legale, quindi la decisione di far parte di questo mondo, comporta l'accettazione di questa idea di essere consapevoli del fatto che questa situazione è un rischio oltre ad essere un mercato altamente volatile, quindi per prendere le misure appropriate è vitale avere conoscenza di questo mezzo.

Le criptovalute richiedono una notevole dedizione di tempo, come a tempo pieno che la catena di sforzi è ciò che genera profitti, soprattutto per imparare a mantenere la calma e alzarsi di fronte a una battuta d'arresto senza perdere tutto l'istante.

4. **Studia in anticipo la promozione dietro ogni criptovaluta.**

Invece di investire alla cieca nelle criptovalute, si dovrebbe prendere in considerazione ogni dettaglio di esse, soprattutto perché alcuni siti web mettono contenuti dannosi solo per attirare le persone, allo stesso modo si dovrebbe fare attenzione ai propri dati finanziari, in quanto si tratta di un tipo di informazione sensibile che non si dovrebbe condividere.

Prima di qualsiasi decisione puoi leggere i commenti, senza mancare di indagare ogni aspetto che ti incuriosisce sia l'azienda che la criptovaluta, in questo modo puoi evitare di cadere in qualsiasi truffa, nel motore di ricerca puoi inserire alcune ricerche chiave come le lamentele o altre che ti aiutano a misurare la loro reputazione.

Non c'è dubbio che il tema delle criptovalute sta crescendo e guadagnando forza a causa dei potenziali guadagni, ma è difficile determinare se nel tuo caso è buono o no investire, dato che è un mercato esposto all'incertezza costantemente, ma molte piattaforme di scambio stanno producendo accordi con le banche tradizionali.

Esperienze generali di vita con le criptovalute

Dietro i diversi tipi di stili di vita moderni, ci sono imprese di tutti i tipi basate sull'era digitale, come i posti pagati e così via, che diventano il sostentamento di molte famiglie, come parte di un risultato inimmaginabile di parte della trasformazione digitale.

Ma una forma di pagamento preferita tra gli amanti dei lavori online è attraverso le criptovalute, è una situazione comune affrontata da un sacco di utenti, nei paesi latini questa è un'alternativa ideale perché aiuta a sopravvivere da qualsiasi tipo di inflazione che è presente.

I profitti e i risparmi vengono utilizzati per essere convertiti in criptovalute in modo da poter sopravvivere e superare le complessità economiche, quindi le esperienze come mezzo di pagamento sono state davvero positive, hanno un uso universale, per diversi anni le criptovalute si sono consolidate.

In certi punti si può pensare o determinare che ancora il livello di conoscenza è in ritardo, soprattutto perché si tratta di un mercato con alte richieste per voi di utilizzare correttamente il vostro denaro sulle criptovalute, qualsiasi dubbio dovrebbe essere risolto in anticipo.

Modi per risparmiare e vivere di criptovalute

Al di là di qualsiasi statistica, al giorno d'oggi è regolare e frequente comprare, risparmiare e soprattutto vivere di criptovalute, fa parte della realtà digitale che viviamo e poco a poco si è diffusa in tutto il mondo, sia gli individui che le organizzazioni stanno scommettendo sulla mobilitazione e la negoziazione con le criptovalute.

L'ecosistema dei pagamenti con criptovalute può essere associato anche al pagamento di bonus per i dipendenti, questo genera un effetto su scala globale molto importante in grandi paesi come la Spagna e gli Stati Uniti, ma allo stesso tempo quel livello di utilizzo porta all'emergere di tasse, come un nuovo movimento economico.

Il moderno sistema delle criptovalute permette di vivere attraverso il valore di questo bene, per comprare e anche risparmiare, è una realtà che ha senso su molti testimonial, dà anche origine ad altri servizi alternativi come la custodia delle criptovalute per salvaguardare questo tipo di investimento, dal momento che è un'attività consentita.

Le alternative per prendersi cura dei propri guadagni o patrimonio sono varie, questo è un esempio dell'espansione che sta ottenendo questo mezzo, dove oltre a tutto si dovrebbe ottenere un gateway affidabile tra cripto e fiat, all'interno della Borsa è che si può ottenere la funzione di spesa, risparmio e anche prestito, grazie all'accettazione di questo bene.

Allo stesso modo questo tipo di possesso ti permette di divertirti e acquisire tutto ciò di cui hai bisogno, la cosa importante è che puoi usare le criptovalute per tutto ciò che vuoi quindi è un tipo di investimento che hai a portata di mano per uscire ed entrare quando lo ritieni opportuno, questo è dovuto al ritmo accelerato con cui si muovono le criptovalute.

Oggi la gestione dei bancomat permette di fare transazioni con criptovalute, questo fa parte delle opzioni globali che si possono effettuare con le criptovalute, sotto un gran numero di fornitori che comprano e vendono bitcoin per fornire contanti.

- **Comprare criptovalute per risparmiare e vivere**

Finanziare il tuo stile di vita non dipende solo dall'arte, ma anche dall'ottenere passività e attività, ecco perché le criptovalute possono fornirti questa alternativa semplicemente prendendo in prestito in questo modo inizierai a investire, commerciare e spendere, inoltre se non vuoi acquisire così tante conoscenze o essere coinvolto in questo mezzo puoi essere un prestatore.

È un fatto che le criptovalute forniscono diverse modalità per vivere e risparmiare grazie a questi beni, dove si dovrebbe anche includere l'influenza della puntata per mantenere i fondi per mezzo di un portafoglio in modo che i beni siano in costante produzione di reddito.

Tutti questi tipi di processi possono essere nuovi per molti, è anche vero che c'è un alto livello di rischio e scappatoie che potrebbero svantaggiarvi se fate un errore o una svista, quindi ogni azione richiede attenzione ed estrema vigilanza quando si opera o si eseguono transazioni.

Ma rispetto al sistema finanziario tradizionale, questa infrastruttura aumenta le vostre possibilità di generare un livello di reddito più alto, ma soprattutto di avere la libertà di scelta, mentre con le valute convenzionali siete esposti all'inflazione a causa delle crisi ricorrenti in tutto il mondo.

Il mondo delle criptovalute è un ecosistema attivo, ma allo stesso tempo dipende da piccoli dettagli, è un passo verso un sacco di opzioni nuove, ma non c'è dubbio che è una realtà per vivere e risparmiare in virtù delle criptovalute, è un settore che vive in evoluzione dopo evoluzione.

La trasformazione digitale sta avanzando per portare più convenienza alla comunità crypto, ogni innovazione è una struttura per gestire i tuoi beni dall'interno, è un tipo di interruzione finanziaria che ha qualità importanti per continuare a cambiare il mondo.

La finanza decentralizzata è il focus principale al giorno d'oggi, in quanto è una tendenza futuristica che si sta sviluppando sempre più fortemente, raggiungendo un livello di consolidamento che pochi pensavano, è un tipo di finanza equilibrata che guadagna potere con il passare del tempo.

Le competenze per guadagnarsi da vivere con il trading di criptovalute

Vivere di trading di criptovalute è una realtà che sempre più persone stanno raggiungendo, al punto di essere la principale fonte di reddito, ma è falso che sia uno stile di vita semplice e lussuoso in poco tempo, al contrario, richiede un processo di consolidamento e di generazione costante di reddito.

Il tenore di vita non è esclusivo, ma copre tutti i conti, fa parte di uno dei vantaggi del commercio soprattutto sotto la sua modalità di distanza è concepito come un'opportunità, ma che il raggiungimento medio non è facile o fugace, è tutto su un processo che permette di acquisire le competenze necessarie per vivere da tale attività.

Senza alcune competenze specifiche di trading non sarà possibile generare un reddito che vi darà sicurezza, le competenze di base per guadagnarsi da vivere con il trading di criptovalute sono le seguenti:

- **Fissare un obiettivo reale**

La prima cosa è fissare un obiettivo che sia raggiungibile, per questo devi solo essere onesto o trasparente con te stesso, perché come sai e tieni conto dell'autocontrollo che hai, sarai in grado di rispondere ad alcune situazioni o dubbi che possono sorgere su questo tipo di investimento.

Normalmente è necessario chiarire cosa fa il trading per te, anche se stai cercando di entrare in questa professione a tempo pieno e lasciare il lavoro tradizionale, una volta che questo è positivo e negativo, la cosa successiva è continuare a creare obiettivi che sono coerenti, come risulta dedicare un tempo di apprendimento quotidiano al trading.

Nel mezzo di questo processo di formazione richiede un impegno totale, senza smettere di leggere su questo settore o mezzo, sia sul trading, criptovalute e il mercato in generale, queste sono basi di informazioni da cui non è possibile allontanarsi, la cosa più consigliabile è che questo non decada al di sopra dei profitti ottenuti.

Inoltre, un buon testo di trading può diventare il vostro migliore alleato, perché rafforza il livello di psicologia e permette di progettare una strategia adatta ai vostri interessi, questo rende ogni novizio, così come gli esperti perché sono abitudini che non si deve perdere, l'apprendimento è continuo, se si vede o non risultati questo è il mezzo per migliorare la vostra carriera.

Affinché le criptovalute siano un mezzo redditizio è necessario trasformare l'educazione in un'azione coerente, deve piacerti veramente in modo da fare tutto il processo con passione e non dipendere solo dal risultato, soprattutto quando dipende da un mercato che cambia a causa del tipo di volatilità, puoi realizzare queste azioni:

1. **Stabilire un piano e non infrangerlo**

La progettazione di una strategia è un impegno in sé, ma come in ogni investimento è necessario provare diverse modalità per raggiungere un punto definitivo, si può incorrere in un piano migliore di un altro, ma la cosa essenziale è che non ci si attacchi a nessun piano, cioè la prima regola da non infrangere è la sperimentazione aperta.

È necessario attenersi al piano di strategie di test, così come essere disposti a cambiarli, indipendentemente dal fatto che era un buono, cattivo o regolare, la cosa importante è quello di eseguire un'analisi di ogni risultato, l'intenzione non è quella di perdere soldi senza una reazione legittima, quindi è dovere è quello di fare appello alla vostra disciplina.

La volontà di rimanere in piedi in un mercato volatile richiede quel tipo di concentrazione, di attenersi alla lettera a qualche strategia che viene accompagnata da risultati solidi, ma tutto sta nell'ottenere quella strategia unica che ti definisce, sopra ogni altra cosa che ti rende facile tutto questo processo.

Formare un piano di trading è direttamente collegato al tuo tipo di personalità, così come il livello di routine che stai vivendo, in questo modo si può commerciare comodamente senza un attaccamento negativo, ma una disciplina fedele alle complicazioni quando sono piani che hanno generato risultati verificabili, questo è il modo per raccogliere i profitti.

2. Gestisce il capitale e il livello di rischio

Quando vuoi investire nel trading di criptovalute per guadagnarti da vivere, devi fissare una quantità di denaro, poiché questo è ciò che ti permetterà di operare e allo stesso tempo è lo strumento attraverso il quale sosterrai le transazioni, senza la determinazione del capitale non sarai in grado di effettuare alcun tipo di operazione.

Il lavoro e la gestione delle criptovalute è fatto in base al vostro capitale, e la cosa successiva è cercare di proteggerlo a tutti i costi, perché come il vostro capitale si riduce non sarete in grado di rimanere vivi in questi investimenti, è vitale prendersi cura dei passi che fate e del rischio che correte, altrimenti potete lapidare le vostre prime esperienze.

C'è solo un modo per avere successo e uscire indenni dai mercati, e la risposta si basa sul guadagnare progressivamente, mentre si esercita una gestione del rischio di ogni passo, tenendo la pazienza come risorsa principale.

All'inizio si può iniziare a guadagnare solo 0,5$ per ogni transazione, per esempio, nel caso di un day trading che si sviluppa approssimativamente fino a 5 o 8 transazioni, ma anche all'interno di quella misura bisogna accettare che non tutte escono o finiscono positivamente, e quando non si conosce un metodo di controllo del rischio si può perdere più di quanto si guadagna.

Ma padroneggiando questo livello di consapevolezza del rischio, puoi aprirti ad un altro livello di profitto, specialmente quando scommetti sull'uso del 2% di StopLoss, quel tipo di misura ti aiuta a non perdere più del 2% di quello che hai generato, questo è importante perché stai sempre andando incontro a trade perdenti a causa dell'alta volatilità.

La percentuale di profitto delle persone dovrebbe aumentare gradualmente, dove è fondamentale che le perdite non siano maggiori e soprattutto che il capitale possa crescere per costruire un tasso di profitto significativo, dato che il denaro generato, finisce per attirare una percentuale più alta di denaro.

3. Altre raccomandazioni da tenere a mente

Prima di volersi addentrare nel mondo del trading di criptovalute, è necessario prendere in considerazione che il trading online vende un'immagine totalmente sbagliata di questo mezzo, perché di solito pubblica i fattori positivi del trading, inducendo più persone a volersi impegnare in questa attività, ma senza approfondire le questioni di rischio.

Fare trading e diventare un trader non è solo un'autoproclamazione, per avere investimenti che ti permettano di guadagnarti da vivere devi fare molto di più, in modo che siano i risultati delle tue operazioni a definirti, il resto sono congetture in questo settore, prima di qualsiasi desiderio di fare trading puoi considerare questi consigli:

- Non abbiate fretta di diventare un investitore di successo nel mondo delle criptovalute, poiché questo tipo di fretta non porta buoni risultati, né vi permetterà di avanzare in un ambiente che è progressivo, soprattutto quando non volete esporre tutto il vostro capitale a queste attività.
- Si dovrebbe investire solo per quei mercati che si conoscono veramente, e sui quali si è disposti a perdere, non importa se questa non è l'intenzione, non c'è dubbio che questo è un risultato che si deve affrontare per diventare redditizio.
- È essenziale che tu assuma che essere un trader richiede di imparare a vivere con alcune perdite, nessuno è esente da questo tipo di risultati, è un business dove perdere è possibile e una volta che puoi assumerlo puoi

osare continuare a imparare e trovare il piano che meglio ti rappresenta.
- È totalmente falso che il trading consiste nell'indovinare il risultato di ciò che accadrà in qualsiasi mercato, il trader è piuttosto incaricato di giocare un ruolo per approfittare dei prezzi bassi o dei movimenti del mercato, ma per nessun motivo è un indovino o cerca di combattere con ciò che il mercato impone.
- Non c'è dubbio che la chiave è nel tipo di formazione che ricevi, senza dimenticare di fare passi che ti permettono di essere più vicino a quello che succede nel mercato, questo si chiama una preparazione per il tuo conto e il tuo reddito ti ringrazierà.

Il regolare stipendio del mondo delle criptovalute

Uno dei principali portafogli salariali o obbligazionari al giorno d'oggi sono le criptovalute, sono una misura ottimale per costruire un modo di vivere o effettuare spese, fino a creare un supporto per le vostre pensioni, tutto grazie alla decisione di investire da questi beni digitali, anche se sono i più rischiosi rispetto ad altri mercati.

Formare un portafoglio sulla base delle criptovalute è una piena opportunità per il vostro reddito di aumentare, per questo è necessario raggiungere un buon mese, per esempio, o ciò che è ugualmente tradotto come un periodo di buone decisioni, per essere il modo migliore per il vostro portafoglio di essere forte.

L'obiettivo cruciale nell'ambiente delle criptovalute è quello di raggiungere la stabilità, prima di iniziare si può scommettere su un esperimento progressivo, si tratta di investire regolarmente su questo bene, ma è necessario conoscere le seguenti regole da seguire al giorno d'oggi:

- Investire attraverso un'opzione confermata come Binance, poiché in tutto il mondo è uno dei mercati più stabili e ospita un gran numero di criptovalute.
- Ogni mese puoi dedicare un importo di circa 60 euro per investire in criptovalute, come uno dei primi passi per crescere e iniziare in questo mercato senza impedimenti economici.
- Investire la metà dei fondi in criptovalute stabili e consolidate come Bitcoin, per esempio, questo funziona come un bene volante che può aiutarti a sopravvivere in questo mercato.

- Oltre a una valuta stabile, puoi selezionarne altre tre, sulle quali puoi sostenere un investimento almeno dall'inizio alla fine di quell'anno.
- D'altra parte, quando si paga con criptovalute si devono visualizzare i depositi in Binance, questa è la classificazione che deve avere questo tipo di movimento.
- Alla fine di un periodo di tempo si dovrebbe decidere se è possibile includere altre criptovalute nel portafoglio.
- L'obiettivo o punto chiave di questo tipo di investimento copre fino a 10 anni.

Non c'è dubbio che investire in criptovalute è un'opzione favorevole per pensare alla pensione, in quanto fornisce ottimi risultati da considerare, questa alternativa permette di compensare le perdite che si generano soprattutto nel primo mese, anche si sta per avere il bonus di fare appello a valute stabili.

I meriti di ogni mese sono dietro ogni colpo, una delle scommesse più promettenti oggi è Cardano, tutto in generale è un lavoro titanico per trovare le migliori opzioni di investimento, e poi è che si possono misurare i risultati per osservare l'aumento ogni percentuale.

La registrazione della percentuale guadagnata permette di controllare la barriera psicologica, come si inizia a notare dopo ogni numero che si sta facendo bene, l'impulso che non si dovrebbe perdere è quello di mantenere il margine di perdite a bada, i risultati servono come una valutazione per misurare o modificare il portafoglio di criptovalute.

È tipico che si spendano circa 60 euro per qualche tipo di acquisto, quando in realtà si può allocare questo su un portafoglio di criptovalute che può essere più redditizio per voi, quindi il passo da seguire fino a diventare una piena abitudine è il seguente:

- **Depositi di criptovaluta**

È comune voler congelare il proprio capitale attraverso le criptovalute, questi tipi di depositi sono conosciuti come un modo ideale per raccogliere interessi, questo sta maturando per accumulare e avere un tipo di abbonamento che si posiziona automaticamente, per questo è un beneficio continuo.

L'enfasi su questa misura è che dopo alcuni mesi si possono fare dei guadagni significativi, perché quando il vostro portafoglio inizia a funzionare correttamente è che vi imbatterete nel tipo di reddito che vi permetterà di vivere meglio fino a quando il saldo del vostro conto raggiunge un punto ottimale.

Risparmi per la pensione in criptovalute

Molti paesi del mondo investono e adottano con maggiore fiducia un fondo destinato alle criptovalute, questo punto è importante per avere liquidità in futuro, questo è dovuto al supporto legale che hanno ottenuto alcuni beni importanti come il Bitcoin, in quanto lo classifica come un modo di salvaguardia finanziaria.

Nel settore finanziario il posto che occupano le criptovalute è un privilegio, quindi anche i fondi pensione possono essere sostenuti grazie a questo tipo di attività, dove è possibile diversificare il tipo di valute che si includono nel proprio piano di investimento, è un'offerta migliore per la sua ampiezza rispetto alle tradizionali.

La maggior parte delle partecipazioni vengono dichiarate in criptovalute in modo che non perdano il loro valore con il passare del tempo, la maggior parte delle aziende optano per questo percorso di collocare i loro beni sulle criptovalute, per approfittare dell'aumento sostenuto del valore di ogni valuta come motivo supplementare.

È visibile che è possibile generare guadagni significativi del primo livello al dettaglio che i vostri fondi o capitale sono su queste valute digitali, oltre alla gestione del denaro è più facile per mezzo di questo modo, nel caso di Bitcoin per esempio è un bene che ha quella riserva di valore che la pensione richiede.

Rispetto a una merce questo tipo di alternativa finanziaria ha una migliore possibilità di sopravvivere nel lungo periodo, perché l'investimento guadagna interessi e porta felicità quando c'è un movimento verso l'alto all'interno del mercato, Bitcoin non può essere scontato perché ha guadagnato un margine maggiore rispetto all'oro.

Invece di avere solo asset tradizionali come obbligazioni e azioni, le criptovalute sono ora incorporate, costruendo un portafoglio è possibile essere parte dei movimenti positivi del mercato, gli investimenti intorno a questo asset generano uno schema futuro altamente favorevole.

- **La speculazione e i beni legittimi dietro le criptovalute**

Al di là della soddisfazione che può generare l'investimento in criptovalute, convertire questa moneta in un fondo pensione può essere rischioso, ma allo stesso tempo è una decisione che genera dividendi migliori, l'accettazione di coinvolgere i propri fondi in un ambiente speculativo è una convinzione da abbracciare.

Bitcoin come riserva di valore può essere sopravvalutato, soprattutto perché il prezzo è volatile, ma a lungo termine è una soluzione da considerare, questo va solo contro alcune posizioni conservatrici, ma è ancora una tendenza a guadagnare interesse su qualsiasi fondo pensione tradizionale.

Dietro i comportamenti legati a questo tipo di mercato, c'è un margine molto sorprendente per le grandi aziende che desiderano far parte di questo mezzo, questo tipo di utilità sul vostro fondo pensione è stato scelto da Tesla, Square e molti altri.

L'investimento patrimoniale è allo stesso tempo un aiuto alla legittimazione, poiché si tratta di un mercato finanziario molto mobile non solo nel proprio paese, ma su scala globale.

Comprare criptovalute come garanzia sulla strada verso la pensione

Effettuare operazioni con i Bitcoin, per esempio, può lasciarti in circa 10 anni a venire un fondo pensione significativo, ecco perché le criptovalute sono raccomandate per esercitare investimenti redditizi, l'opzione e la funzione di essere un trader di criptovalute è un must per te per avere una visione futura molto più forte.

L'ottimismo che esiste sulle criptovalute è ancorato alla sua rivalutazione, è la ragione principale per cui tutti i tipi di investitori dedicano i loro fondi nelle criptovalute, è una via d'uscita valida soprattutto per proteggersi da alcune situazioni economiche specifiche che si stanno vivendo.

Sopra alcune situazioni finanziarie rappresenta anche una grande alternativa per avere il vostro patrimonio moltiplicato a medio e lungo termine, a livello di paesi dove la loro moneta locale è debole non c'è niente come optare per alcune variazioni finanziarie che sono resistenti come è il caso delle criptovalute soprattutto quelle stabili.

La cosa più consigliabile per iniziare è di investire per un importo più piccolo sulle criptovalute più importanti, nel caso in cui si sta cercando una misura di pensionamento si può optare per Bitcoin o Ethereum, ma si dovrebbe iniziare riducendo le spese minime e inutili per passare a investire quelle piccole somme in criptovalute per renderlo utile.

L'intenzione di optare per una continua rivalutazione delle criptovalute, è un modo per avere forze o modi per rispondere in futuro, la scelta dei grandi investitori per questa opzione è un'ulteriore prova del potere che hanno tali beni digitali, e i loro movimenti sono quelli che generano pressione sulla fornitura e il prezzo di tali beni.

La valutazione dietro questo tipo di attività è un parametro che puoi usare per decidere, lo sviluppo è chiaro, dietro il nome di ogni criptovaluta c'è un progetto che ha un potenziale di crescita fattibile, questa è un'idea da affrontare in modo che le attività che possiedi possano acquisire un altro valore col passare del tempo.

Piani di pensionamento progettati sulla base delle criptovalute

Diverse aziende rispettabili emettono un piano di pensionamento, all'interno del quale il bitcoin è largamente apprezzato, in questo tipo di necessità alcune aziende aiutano e incoraggiano la formazione di un piano di pensionamento con potenziale in cambio del pagamento per ottenere la loro consulenza per assicurare il vostro futuro.

La maggior parte dei portafogli creati sono custoditi dalle migliori giocate, in modo che quando un dipendente va in pensione può disporre di un intero fondo che ha generato interessi per il tempo del suo lavoro, mentre il patrimonio è stato allocato su quelle attività scelte che dovrebbero contenere un potenziale di crescita.

attualmente ci sono più di 150 blockchain in Spagna, e in ogni paese che facilitano le operazioni, permettendo depositi per essere fattibile e poi nel corso del tempo è possibile, l'adozione di questo tipo di tecnologia permette alle aziende di dedicare il fondo pensione nel piano di criptovalute.

Allo stesso modo in Cina, i piani Blockchain sono progettati su base giornaliera per rendere ogni investimento può essere scalabile, e ogni area in Asia è diventata l'epicentro della tecnologia blockchain su altri luoghi, questo ha a che fare con la promozione di questo tipo di tecnologia coinvolta in diversi settori della società.

L'immenso sviluppo tecnologico fa parte dell'innovazione industriale che sta avvenendo in Asia, durante gli ultimi 5 anni si è rafforzato e la maggior parte delle aziende locali scommettono su questo modo di fornire fondi pensione, che si sostengono sulla base delle novità derivanti da tale ambiente.

- **Bitcoin ed Ethereum non possono mancare in un piano di pensionamento**

Attraverso il mondo delle criptovalute e tutto ciò che provoca a livello finanziario, è un'opportunità esclusiva in modo che attraverso il compounding si può essere vicini a generare reddito, fino ad avere liquidità per vivere comodamente, per questo motivo le criptovalute dovrebbero essere parte di ogni piano di pensionamento.

Questo tipo di scommessa sul tuo futuro fa parte di un nuovo ordine che supera la centralizzazione, questa utilità ti permette di approfittare della tecnologia blockchain, in quanto questo mezzo rappresenta un contributo di redditività unico, soprattutto perché permette la diversificazione ed è più forte rispetto ai media tradizionali.

Avere consigli per creare un portafoglio di pensionamento, aumenta la percentuale potenziale di si ottiene un bene con un sacco di futuro, quando si tratta di redditività questo tipo di supporto è più affidabile in modo da non dover prendere più rischi, questi strumenti aumentare le vostre percentuali di profitto sul portafoglio.

Ma nel mezzo della formazione del portafoglio, ci sono altri dettagli o elementi esterni, come la vostra età e gli obiettivi che avete, tutto questo conta quando si imposta un piano che rappresenta guadagni a lungo termine, studiando questi dettagli si può avere accesso a una fonte importante di redditività ad alti livelli.

A livello globale è stato tradizionalmente investito in oro, argento e molti altri beni, ma con la caduta del suo flusso l'arrivo delle criptovalute ha preso più forza, questo nuovo flusso fa sì che la previdenza sia investita in modo che diventi un reddito variabile, quindi è una vera alternativa che ha senso.

Il lato sorprendente delle criptovalute risiede nell'interesse che genera, indipendentemente dal livello di rischio che questa opzione matura, quindi per coloro che cercano diversificazione e redditività questa alternativa è la più appropriata perché soddisfa questi criteri, senza sottovalutare gli avvertimenti di prudenza.

Questa assunzione di rischio è un percorso che può valorizzare qualsiasi tipo di pensione, al punto di soddisfare gli obblighi e i pagamenti da affrontare in futuro, è necessario iniziare creando un profilo per visualizzare il rischio e il tempo da affrontare fino ad ottenere un reddito variabile.

La scommessa speciale su Bitcoin è un modo speciale per acquisire un bene di investimento con molto futuro davanti, l'importante è che man mano che si acquisiscono più dati si può continuare ad esercitare l'analisi per regolare i propri investimenti verso le tendenze del mercato.

Nell'ambiente delle criptovalute c'è un importante margine di capitalizzazione, quindi è un miglioramento della liquidità, quindi molte borse partecipano alla creazione di fondi pensione, si può realizzare un contratto per garantire il proprio investimento e si possono avere beni adeguati.

Ci possono essere ancora molte critiche su questo settore dell'economia, ma è vero che beni importanti come il Bitcoin impongono un progresso significativo, ma allo stesso tempo sono emerse molte informazioni che permettono di fidarsi di questo tipo di tecnologia.

Allo stesso tempo sono stati imposti alcuni protocolli in modo che la capacità di effettuare alcune assunzioni non sia diminuita, in modo da poter ottenere un apprendimento di base che vi permetta di scommettere sull'asset che volete soprattutto per ottenere alcuni profitti da questo mercato liquido e aggiornato.

L'importante è porsi la domanda se si è in grado di misurare e tenere una posizione che non è così speculativa, ma con un piano a lungo termine che è costruito con posizioni solide di alte proiezioni, questo si ottiene come si è in grado di esercitare una visione completa di ogni attività.

I punti di vista da considerare per approfittare delle criptovalute, è quello che ti permette di operare e prendere decisioni per conto tuo, quel tipo di gestione è una questione personale, ma è possibile utilizzare alcuni portafogli digitali dove è possibile applicare alcune tecniche che sono legate all'ottenimento di reddito passivo.

A seconda di ogni investitore è possibile scegliere la disposizione del vostro capitale, per cominciare, proliferare il tipo di opportunità che si possiede, questa nuova industria è alla vostra visione, tutto dipende dai vostri obiettivi e intorno è che si sta andando a costruire il piano di pensionamento.

- **La stima futuristica di un piano pensionistico**

Un'attenzione prioritaria dovrebbe essere dedicata al futuro che il piano pensionistico possiede, con quel tipo di visione futuristica si costruisce un investimento in criptovalute, questo aspetto sofisticato è ciò che si richiede perché per raggiungere un certo livello di rendimento, si possono trarre e studiare dati sulla redditività, il rischio e altri fattori.

Seguire questo percorso permette di ottenere un portafoglio equilibrato, tenendo conto delle misure di redditività e di rischio, capendo questo si possono visualizzare gli alti e bassi senza tanta paura in mezzo, le limitazioni che ci si può porre fino ad essere conservatori quanto si vuole, l'essenziale è che il proprio fondo pensione sia protetto.

In questo modo puoi elaborare un piano efficiente, ma la combinazione di beni è sempre concepita come una modalità ottimale per prendersi cura di te, in questo modo ti troverai con dati sorprendenti e chiari, l'importante è che tutto sia ben distribuito per raggiungere un reddito variabile, in questo modo la composizione sarà efficace.

La lettura speciale è ciò che permette di confrontare i dati, con cui i vostri fondi possono causare le pensioni per essere molto più utile, in vista delle caratteristiche delle attività che compongono la stessa, come ci sono movimenti saranno risultati che influenzano i vostri piani di pensione corrente.

Il livello di rischio che le criptovalute forniscono è un modo per aumentare la redditività, ma attraverso una scommessa in cui il lato tecnologico acquisisce più forza, la volontà di avere denaro digitale è un potere attuale di utilizzare beni che raccolgono un sacco di caratteristiche per renderli beni di investimento ideali.

Per commerciare con questo tipo di attivi, devi avere la chiara idea di vivere con alcuni momenti amari, fa parte del lato buono e meno buono che ti accompagnerà fino a quando deciderai di ritirare tutti i fondi dedicati a questo piano pensionistico, utilizzando il massimo valore e potenziale delle criptovalute.

Lanciare Bitwage per creare un piano di pensionamento

Le opzioni disponibili sul mercato sono estese attraverso Bitwage, dove si presenta l'opportunità di essere parte del primo BTC 401(k) in tutto il mondo, questo è parte di un piano di pensionamento a cui possono avere accesso, questo progetto è accompagnato da parte della partnership di Gemini e Kingdom Trust.

Ogni dipendente che è iscritto ha la possibilità di investire in due modalità, in primo luogo, di dollari tradizionali tipo Roth 401(k), tutto questo viene dal fornitore di servizi che ha i libri paga Bitwage, dove è stato progettato un piano Bitcoin 401(k).

Questo tipo di esempi mostra l'accettazione che le criptovalute stanno avendo, questi piani sono accettati e progettati da un sacco di aziende e società, una di queste è Gemini e tutto è iniziato per mezzo di un test di almeno 10 mesi di durata in quel modo ogni dipendente ha iniziato a investire in Bitcoin.

- **Cosa rappresenta un piano 401(k)**

Un sacco di aziende stanno sponsorizzando la pratica e la preferenza su un piano di risparmio speciale per coprire i pensionamenti dedicati per i loro dipendenti, costruendo questi piani è possibile garantire il vostro futuro, sono anche conosciuti come piani a contributo definito.

Questa opzione permette di risparmiare facilmente i soldi per prendere il controllo del vostro pensionamento, senza doversi preoccupare delle tasse federali molto meno delle tasse statali, è un reddito sui vostri fondi fino a quando non siete in grado di ritirare il fondo totale entro l'arrivo della pensione, e questo è uno dei piani più comuni.

- **Pensionamento attraverso Bitcoin**

Bitwage trading con Gemini fornisce l'opportunità di creare un piano pensionistico, questo è possibile o reale per mezzo di piattaforme di scambi di massima fiducia per non correre alcun tipo di rischio, inoltre tutto è sviluppato per mezzo di un tipo di custodia imposta dal migliore e possiede funzione di amministrazione.

Il profilo demografico imposto da ogni azienda, permette di adattarsi al tipo di criptovalute che è conveniente comprare, per questo si fa una navigazione per approfittare dei momenti economici più opportuni, questo è favorevole per le aziende diminuendo le spese del libro paga che comporta o ha a che fare con la pensione.

Questi piani forniscono l'opportunità di creare contributi per creare benefici attraverso i conti 401(k), e per i dipendenti significa ottenere molto di più, attraverso un modo innovativo si può trasformare il proprio investimento in un numero maggiore di quello che è stato introdotto all'inizio.

- **Formazione e assicurazione del futuro dopo gli investimenti**

Nel caso specifico di Bitwage, si stanno sviluppando piani che porteranno vantaggi visibili in futuro, è il migliore rispetto ad altri prodotti finanziari, questo diventa una realtà sotto un piano solido come il 401(k), è un'alternativa per i commercianti per monitorare il fondo destinato alla loro pensione.

In futuro questi tipi di piani permetteranno di utilizzare più criptovalute, ma per ora tutto scommette sulla stabilità del Bitcoin, nel caso di questo piano è stato progettato dal 2014 e da allora è stata la modalità più dominante per mantenere vivo un libro paga in modo che i pagamenti possano essere emessi in Ethereum, Bitcoin, e molto altro.

Questo tipo di azienda ha anche come progetto o scopo principale che i freelance possano avere i loro pagamenti in criptovalute, dato che forniscono questo servizio per Upwork e anche per Toptal, facendo sì che le valute digitali rimangano più valide che mai ed è uno scambio di valore ideale.

Anche nei piani di eredità il modo delle criptovalute viene usato frequentemente, specialmente nelle regioni dove è molto costoso mantenere questo tipo di servizi o calcoli, senza che il valore delle proprietà sia a rischio, questo modo è fattibile su diverse aree, per questo sono piani che stanno rivoluzionando tutto.

Le migliori criptovalute per costruire un piano pensionistico

Essendo vicini alla mezza età è comune pensare alle proprie comodità e garanzie, quindi per vivere la pensione al massimo si possono considerare alcune forme di investimento che si prendono cura dei vostri beni a lungo termine senza essere un mal di testa, prendendo decisioni positive si può essere fortunati e avere un reddito regolare.

Quando si ha un lavoro si guadagna uno stipendio, che dovrebbe essere un collegamento per ottenere una pensione decente che permetta di vivere pienamente, questo è difficile da ottenere in questo tipo di situazione economica attuale o di crisi globale, e un modo per garantire il proprio patrimonio è attraverso le criptovalute per avere un reddito utile.

Data l'inerzia dello Stato nel curare e costruire il vostro piano pensionistico, un'opzione indipendente e privata vi permette di acquisire percentuali di meraviglia per vivere meglio quando arriverete alla pensione, ma non dovreste optare per le banche ma piuttosto per un mezzo decentralizzato che vi dia più libertà.

Investire in criptovalute è interessante per ottenere benefici eccezionali, al di là del fatto che è un'alternativa incerta o incontrollabile, ma la verità è che facilita la creazione di un piano pensionistico verso un risultato diverso dalle altre opzioni e soprattutto è più redditizio, al punto di conoscere e partecipare più attivamente con i propri fondi.

Non c'è paragone sul livello di redditività che hanno le criptovalute, dove la rappresentazione che significa il Bitcoin si distingue, perché un investimento che si effettua oggi, può essere trasformato in una misura doppia o tripla, causando ogni piano di investimento per essere redditizio.

Ma non si tratta solo di criptovalute, si può diversificare il patrimonio verso altre criptovalute che sono promettenti a lungo termine, al momento si può optare per Monero e Faircoin, in quanto sono opzioni che si possono sfruttare per garantire la propria pensione, ma allo stesso modo si può porre la propria fiducia su altre opzioni.

Di solito si può tenere d'occhio lo sviluppo di Litecoin, Ethereum, Dash e molti altri di questo tipo, l'essenziale è formare un portafoglio adatto in ogni modo in modo che quando il pensionamento si presenta si ha modo di rispondere ai vari impegni che si stanno per affrontare senza pensare al denaro o all'inattività.

I cripto-asset come segno del futuro per i fondi pensione

Tutto ciò che le criptovalute rappresentano si traduce in una chiara speranza di far rispettare i fondi pensione, spiazzando completamente il ruolo delle istituzioni finanziarie tradizionali, questa soluzione è una mossa sicura per moltiplicare i vostri fondi, al di là dei cambiamenti che si visualizzano nel mercato.

Prima di alcune finestre ribassiste è un'entrata formidabile per il tuo capitale può aumentare, dato che compreresti criptovalute a prezzi bassi, in modo che ogni aumento può essere usato come guadagno personale dopo ogni aumento percentuale del valore originale, così può produrre un reddito significativo per te.

Molte aziende sono in grado di propiziare un fondo hedge per pensioni concentrato in criptovalute, dove è possibile avere accesso verso un'amministrazione più completa, la cosa cruciale non è dietro il capitale ma l'interesse generato, poiché è quello che sostiene il tuo fondo pensione.

Una volta che si presentano dei massimi sul mercato, si possono ottenere buone notizie, ma come investitore è necessario rimanere cauti soprattutto quando si osservano da vicino i cambiamenti del capitale, che deve essere conservato sotto una sfaccettatura ribassista in modo che non bruci il suo valore.

I fondi dedicati alle criptovalute sono una soluzione e allo stesso tempo una sfida, perché a livello di dettagli è un quadro complicato in quanto ogni livello di trading influisce sul prezzo degli asset, ma lavorare e associare i fondi pensione alle criptovalute non è un fatto che accade di punto in bianco.

Una misura accessoria è quella dei gestori degli investimenti dei fondi pensione, alla fine i beni digitali offrono convenienza, è necessaria un'istruzione e una grande quantità di tempo investito, quindi si possono analizzare i vantaggi e gli svantaggi, fino a seguire le orme dei responsabili degli investimenti.

Il principale e unico ostacolo per mettere i vostri beni nelle mani delle criptovalute è il grado di volatilità, ma ogni movimento o variante deve essere accettato da un'alta dose di pazienza, questi sono fattori chiave per avventurarsi nel futuro di questo tipo di mercato così mutevole come lo sono le criptovalute.

Un sacco di investitori si affezionano e familiarizzano con gli asset digitali, sono quelli che generano conforto dal controllo che si può esercitare sui propri fondi, il che fa sì che più capitale viene inserito, maggiori sono i benefici quando si seguono i percorsi giusti.

La vittoria che si può raccogliere sui fondi di asset digitali è la garanzia che non si svaluteranno, il che è utile in materia di pensione, le criptovalute possono essere volatili, ma soddisfano i criteri di avere una migliore performance rispetto ai prodotti finanziari tradizionali.

La performance delle criptovalute è asimmetrica, il che significa che il potenziale di rialzo che si può incontrare è maggiore del potenziale di ribasso, e all'interno di questo comportamento Bitcoin soddisfa questa misura di rendimento, è il pilastro fondamentale per effettuare un investimento istituzionale.

La visione di investire un fondo su una criptovaluta è un compito o un passo incoraggiante per il margine di crescita, fino a quando tutti i rischi associati sono accettati naturalmente, si sarà in grado di gestire il capitale in modo migliore, è un modo intelligente per schivare l'inflazione e solo affrontare i rischi accettabili di un mercato.

Alcune mosse di investimento soffrono di fronte alla speculazione, questo diventa uno dei momenti più tesi, poiché certe mosse possono buttarti completamente fuori, ma tutto dipende dalla durata del mercato orso così come dalla volatilità che si sta verificando sulle criptovalute.

I beneficiari di un fondo di questo tipo richiedono un livello massimo di ricerca, in modo che dal lancio dell'investimento il vostro denaro comincia a confrontarsi con i rischi, ma un team di investimento rimane in cima a questo quadro al di là di qualsiasi preoccupazione che presentate.

Sempre più sfondi sono segnati nell'investimento in criptovalute per vivere pienamente nel futuro, dove ogni partecipante inizia a chiedersi su quali asset digitali sarà conveniente collocare i propri fondi in modo che nei prossimi anni l'interesse inizierà ad emergere.

Azioni da evitare se vuoi vivere di criptovalute

Indipendentemente dal tipo di criptovaluta che preferisci o per la quale stai investendo, ci sono cure o raccomandazioni da prendere sul serio, poiché questo ti permetterà di raggiungere la libertà finanziaria che desideri, ma è un terreno in cui la lettura è tutto, specialmente all'interno del comportamento del mercato.

1. **Mancanza di conoscenza delle criptovalute**

Quello che non dovete dimenticare è che è un'attività che può generare perdite significative, ma la concentrazione dovrebbe essere tutto il tempo su ciò che si può vincere, invece di essere pessimista perché questo viola solo il vostro lato emotivo, quindi un'azione da evitare è l'ignoranza di ciò che si investe.

Dietro ogni tipo di criptovaluta c'è uno scopo, conoscendo questi punti è possibile seguire le novità di tale settore soprattutto basate sulla tecnologia blockchain dove circolano molti dati che non sono del tutto compresi, ma ti forniscono un chiaro vantaggio.

In senso lato questo ti aiuta a riconoscere la quotazione che esiste su di esso, cioè la quantità di acquisti e vendite in mezzo, tutto questo può essere conosciuto attraverso le informazioni o le statistiche che un Exchange ha, lo stesso accade con la gestione di molte informazioni sul portafoglio che stai per usare.

Riconosce innanzitutto che questo tipo di asset digitale è completamente decentralizzato, e le previsioni su di esso sono posizionate come un pilastro dell'economia del futuro, motivo per cui le pensioni ruotano intorno a questa classe di asset, motivo per cui sono più spesso utilizzate come investimento piuttosto che come forma di pagamento.

2. Leggere e seguire qualsiasi sito trovato online

Quando si tratta dei tuoi beni non puoi fidarti di nessuno, soprattutto perché puoi essere vittima di truffe o partecipare a un fondo che si impegna nella corruzione, quindi un modo per imparare è attraverso i consigli degli esperti, così come i tuoi stessi errori quando inizi una registrazione legale al 100% da solo.

Dietro ogni decisione c'è il futuro dei vostri soldi, optare per le criptovalute non è un passo alla leggera, per nessuna ragione è sano agire in fretta, a volte seguire gli impulsi non vi porta nessun tipo di risultato positivo, quindi è meglio preferire un modo più sicuro ed esplicito.

Invece di credere a tutto ciò che si legge, è meglio fare riferimento a fonti ufficiali, senza dimenticare che non si dovrebbero condividere le proprie informazioni finanziarie nemmeno con i conoscenti, poiché il controllo dei beni digitali dipende dal tipo di cura che si può esercitare fin dall'inizio.

3. **Spendere una fortuna in corsi senza reputazione**

Imparare a investire in criptovalute non è facile, tanto meno se vuoi che questi beni possano rappresentare i tuoi fondi in futuro, ecco perché alcune lezioni non sono sufficienti, la cosa migliore è mettersi in gioco completamente per chiarire ogni dubbio, senza perdere troppo tempo nella sola pratica perché si perdono delle opportunità.

Nel mercato ci sono alcune lacune che non si dovrebbe perdere, ma l'apprendimento è vitale quindi il più appropriato è non perdere tempo ma dedicarsi ad analizzare le opzioni, non c'è bisogno di prendere azioni impulsive che sono responsabili per fare l'investimento per voi, si tratta di seguire ciò che è più professionale ed efficace.

Ciò che non si può evitare è il dovere di imparare, ma non si può portare all'estremo di far parte di un corso il cui unico scopo è quello di estrarre i vostri soldi, perché vi daranno solo consigli che suonano bene, ma nello sviluppo del mercato non genera alcun effetto, tanto meno prepara la vostra psicologia.

4. Scegliere una criptovaluta per una promessa rialzista

Pensare di guadagnarsi da vivere con le criptovalute e ottenere soldi facili non è qualcosa che accade da un giorno all'altro, quindi al di sopra dell'avidità devi capire che alcune criptovalute sono pubblicizzate per beneficiare coloro che sono già dentro, in più hai bisogno di una guida per identificare il lato negativo di quel picco o momento rialzista.

Nel mercato il modello comune è che c'è un alto livello di prezzo, e poi c'è una tendenza al ribasso, è parte della dinamica di questo tipo di ambiente, perché come in qualsiasi altro investimento tutto ciò che sale deve scendere, nel corso della storia tali modelli sono parte di qualsiasi economia.

L'apprendimento dovrebbe essere situato principalmente nel prendere misure in modo da non avere perdite da questo tipo di movimento, è abituale sentire o leggere molte pubblicazioni dove si consiglia di comprare perché varranno molto in futuro, quel tipo di concetto è stabilito sulla maggior parte dei beni.

L'importante è che tu sia in grado di riconoscere il suo valore, così come di determinare se ha il potenziale per salire di prezzo, dato che il futuro non può essere letto, ma al momento puoi misurare a cosa serve la criptovaluta, è un'anteprima di quanto lontano è capace di andare, dato che nessun prezzo è affatto stabile.

Le stagioni e le notizie influenzano un prezzo, quindi il valore reale è relativo ed è difficile determinare con certezza qualsiasi proiezione, ma quando si tratta di vivere su questa attività è più opportuno puntare sulle attività che sono più stabili in modo da poter contare su di esso la vostra pensione.

5. Prendere in prestito e aumentare le spese investendo in criptovalute

Investire in criptovalute come stile di vita, va di pari passo con una diminuzione delle tue spese, a meno che i tuoi guadagni siano superiori al consumo che fai, questo aiuta i tuoi fondi nel loro complesso possono guadagnare interessi senza difficoltà, inoltre il capitale che è coinvolto sulla criptovaluta dovrebbe essere un fondo di cui non hai bisogno.

Nel caso delle pensioni e del pensionamento, ha a che vedere con un'amministrazione e una protezione dei fondi, come misura utile di fronte all'inflazione così come l'intervento e le commissioni generate dalle istituzioni pubbliche, che oltre a tutto il resto non generano nessun tipo di aumento sul capitale.

Quando volete guadagnarvi da vivere con questi beni digitali, non dovete considerare di guadagnare troppo o di voler recuperare con i soldi di qualcun altro, poiché sarebbe una pressione estrema quando i risultati che cercate non si verificano, questo gigantesco problema non vi permette di vedere le opportunità, senza tralasciare che potete indebitarvi.

Questo tipo di azione di prestito non fa che peggiorare tutto, le più usuali sono testimonianze in cui un'intera famiglia vende il suo patrimonio per investirlo in criptovalute, che è più sensato del prestito, anche se si osserva in modo diverso, a lungo termine genera più opportunità un capitale forte basato sulla tua ricchezza.

Invece di guardare agli investimenti come un evento impossibile, puoi iniziare ad allocare le tue spese per il cibo spazzatura o solo pochi 5 dollari al mese, settimanalmente o come preferisci, possono essere diretti verso la costruzione di un fondo di criptovalute che possa rappresentarti domani.

6. **Scommettere su criptovalute con un pessimo track record**

Vivere del reddito e dei movimenti delle criptovalute dipende soprattutto dalla scelta di asset stabili, soprattutto quando si vuole allocare la propria pensione su queste valute, perché se ha alle spalle un progetto solido e un comportamento scalabile in modo che a lungo termine si possa essere milionari o i propri fondi abbiano acquisito un interesse significativo.

Questo vale per tutte le criptovalute in generale, poiché optare per quelle che valgono 1 dollaro oggi, solo per aspettarsi una crescita massiccia in pochi anni per avere un prezzo di 100 dollari o più, è una misura futuristica, ma allo stesso tempo vuota, poiché ci sono molti fattori coinvolti per certificare che è una criptovaluta con potenziale.

Trovare tali opportunità è complicato, in ogni caso dipende dalla visione e dallo studio degli esperti che misurano le criptovalute nascenti, ma nulla è scritto in questo tipo di mercato, l'idea di moltiplicare il proprio denaro in questo mondo è una progressiva escalation, la cosa essenziale è non comprare o investire tutto senza avere una base di ricerca.

www.ingramcontent.com/pod-product-compliance
Lightning Source LLC
Chambersburg PA
CBHW070448220526
45466CB00004B/1783